# Ein verrückter SOMMER

Lass mal lesen!

Annette Weber

6 kurze Geschichten mit Aufgaben

## Verlag an der Ruhr

# Impressum

**Titel:**
Lass mal lesen!
**Ein verrückter Sommer.**
6 kurze Geschichten mit Aufgaben

**Autorin:**
Annette Weber

**Illustrationen:**
Matthias Pflügner

**Titelbildmotiv:**
Strandfoto: © FS-Stock – fotolia.com

**Verlag an der Ruhr**
Mülheim an der Ruhr
www.verlagruhr.de

Ab 12 Jahre

**© Verlag an der Ruhr 2017**
**ISBN 978-3-8346-3728-4**

**Printed in Germany**

# Inhaltsverzeichnis

Alle im Download befindlichen Vorlagen
finden Sie unter:
**www.verlagruhr.de/zusatzdownloads**

# Vorwort

Lieber Leser*,

der Sommer ist die schönste Jahreszeit, oder?

Es ist warm und lange hell draußen, man kann schwimmen gehen und Eis essen.

In diesem Buch findest du sechs Geschichten, die im Sommer spielen. Die Hauptpersonen der Geschichten sind alle etwa in deinem Alter.

Sie erleben kleine Abenteuer: Liam findet heraus, dass es Spaß macht, Menschen zu helfen.
Aylin spielt die Hauptrolle in einem Theaterstück.
Noah begleitet eine besondere Kindergruppe nach Langeoog. Lasse ist sechs Wochen mit dem Fahrrad unterwegs. Frida lernt, dass das Internet manchmal ziemlich gefährlich sein kann.
Und Milan erlernt eine coole neue Sportart.

* Aus Gründen der besseren Lesbarkeit haben wir in diesem Buch durchgehend die männliche Form verwendet. Natürlich sind damit auch immer Frauen und Mädchen gemeint, also Lehrerinnen, Schülerinnen etc

Die Geschichten kannst du entweder allein in deiner Freizeit oder zusammen mit deinen Mitschülern in der Klasse lesen.

Jede dieser Geschichten hat **Bearbeitungsaufgaben**, die chronologisch der Handlung folgen.

Mithilfe der Aufgaben kannst du dein **Textverständnis** überprüfen.

Die **freien Aufgaben** bilden Verknüpfungspunkte zwischen den Geschichten und deinen eigenen Erfahrungen.

Die zugehörigen **Lösungen zur Selbstkontrolle** sind kostenlos als Download erhältlich unter: **www.verlagruhr.de/zusatzdownloads**

Ich wünsche dir viel Freude beim Lesen.
Und natürlich einen aufregenden Sommer!
Herzliche Grüße

*Annette Weber*

# 1  (K)ein Problem mit Englisch

„Nehmt ein Blatt. Schreibt euren Namen oben
auf den Rand ..."
Weiter kommt Frau Schreiber nicht. Alle Schüler
stöhnen laut. Blatt mit Namen bedeutet Vokabel-
5  test.
„Wie jeden ersten Montag im Monat", sagt Frau
Schreiber. „Selbst schuld, wenn ihr nicht gelernt
habt."
Liam hat nicht gelernt. Er lernt nie für die Schule.
10  Keine Zeit. Kein Bock.
Er hat auch keinen Schreibblock. Nur einen Stift.
Alena gibt ihm ein Blatt. Dann geht es auch schon
los.
„Schule ... sitzen ... Unterricht ..."
15  Frau Schreiber macht eine Pause hinter jedem
Wort. Die Schüler schreiben das englische Wort
auf. So machen sie es immer. Jeden ersten
Montag im Monat.
„Sit", schreibt Liam auf das Blatt. Mehr fällt ihm
20  nicht ein.
„Sonne ... Wolken ... regnen ...", fährt Frau
Schreiber fort.
„Sun", fällt Liam ein. „Und rain."
Das kennt er aus einem Song.

Aber der Test wird schwerer.

„Fußgängerzone", fragt Frau Schreiber nun, und auch „Papierkorb". Woher soll man das wissen? Liam schielt zu Alena. Sie hat gut gelernt. Jedes
5 Wort weiß sie. Jetzt deckt sie ihr Blatt ab. So kann Liam nicht abschreiben.

Sie hilft Liam nie, weil sie ihn nicht mag.

„Du hilfst mir ja auch nicht", sagt sie.

Der Test geht eine halbe Stunde lang.

Liam schreibt nicht mehr mit. Es ist egal.

Er hat sowieso schlechte Noten.

5 Dabei wollte er in diesem Jahr endlich lernen.

Das hat er seiner Mutter fest versprochen.

Aber ein Versprechen zu halten, ist nicht so leicht.

Endlich ist die Englischstunde vorbei. Liam geht

zum Fenster. Er schaut auf den Schulhof.

10 Heute regnet es. Das passt zum Tag.

Nach der Stunde haben sie Mathe. Herr Brenner

hat die Mathearbeiten dabei.

„Die Mathearbeit ist gut ausgefallen", sagt Herr

Brenner. „Nur einer hat mal wieder eine Fünf."

15 „Liam Kern", sagt Alena. Sie sagt es nur zu ihrer

Freundin. Aber alle können es hören.

„Ich sage nichts", meint Herr Brenner.

Aber sie wissen es alle. Liam hat immer eine

Fünf in Mathe.

20 Herr Brenner legt ihm das Heft auf den Tisch.

Liam stopft es in die Tasche. Ungeöffnet.

Endlich klingelt es zur Pause. Liam schnappt sich

seinen Rucksack. Dann verlässt er die Schule.

Eigentlich haben sie heute sechs Stunden.

Aber so lange hält er es nicht aus.

Liam geht mit schnellen Schritten über den Schulhof.

„Liam, wohin gehst du?", schreit ihm Alena nach.

5 „Wir haben doch heute sechs Stunden."

Liam dreht sich nicht um.

Der Regen hat aufgehört. Auf den Straßen haben sich Pfützen gebildet.

Es ist ein weiter Weg bis in die Stadt. Fast eine

10 halbe Stunde. Die Luft tut gut. Schließlich bummelt Liam durch die Fußgängerzone.

Er kauft ein Brötchen und eine Cola. Dann setzt er sich auf eine Bank. Die Menschen eilen vorbei. Sie beachten ihn nicht.

15 Danach schlägt Liam den Weg zum Hauptbahnhof ein. Hier ist er gerne. Er stellt sich neben den Fahrkartenschalter und betrachtet die Menschen. Das ist interessant. Viele haben es eilig. Einige tragen schwere Koffer.

20 Manche rollen die großen Koffer auch hinter sich her. Diese Leute fahren bestimmt mit dem Zug in den Urlaub.

Das würde Liam jetzt auch gern. Aber morgen ist wieder Schule. Da kann er nicht noch mal fehlen.

Liam spielt an dem Automaten herum. In 20 Minuten geht der Zug nach Dortmund. In Dortmund
wohnt Liams Bruder. Manchmal besucht er ihn.
Aber heute hat er kein Geld mehr für eine Fahr-
5 karte. Und schwarzfahren will er nicht. Er ist
schon einmal erwischt worden.
„Kannst du mir mal helfen?", spricht ihn ein Junge
an. „Ich will nach Dortmund. Wie mache ich das?"

„Einfache Fahrt oder hin und zurück?", fragt Liam.

„Hin und zurück."

Liam drückt den Button.

„Bist du allein?", fragt er weiter.

5 Der Junge schüttelt den Kopf.

„Mit meiner Mutter."

Und er macht eine Kopfbewegung zu einer Frau
mit einem bunten Kopftuch.

„Wie alt bist du?", will Liam wissen.

10 „Sechs."

Schnell fliegen Liams Finger über die Tastatur.

„Eine Erwachsene, ein Kind, hin und zurück
nach Dortmund", murmelt er dabei. „Habt ihr
eine Bahncard?"

15 „Ich weiß nicht", erwidert der Junge.

„Keine Bahncard", gibt Liam ein. Ob die Fahrt
1. oder 2. Klasse sein soll, fragt er gar nicht.
Die fahren bestimmt 2. Klasse.

Der Automat rattert.

20 „19 €", sagt Liam.

Nun kommt die Kopftuchfrau zu ihm. Sie reicht ihm
einen 20 €-Schein. Liam schiebt ihn in den Automaten. Wieder rattert es. Dann spuckt der Automat den Fahrschein und das Wechselgeld aus.

Der Junge bedankt sich. Die Kopftuchfrau strahlt.

Liam freut sich mit ihnen.

„Ohne mich hätten die das nie geschafft", denkt er.

„Können Sie mir auch mal helfen?", fragt ein Mann

5  jetzt. „Ich kriege immer die Krise bei den Dingern."

Er hält Liam einen Hunderter unter die Nase.

„Ich will nach Hamburg. Mit dem IC."

„Klar", murmelt Liam. Er tippt Hamburg in das

10  Suchfeld.

Der Mann hat eine Bahncard 25 und will 1. Klasse fahren. Das ist nicht billig, obwohl es nur eine einfache Fahrt ist. Liam zeigt ihm die Verbindungen. Der Mann entscheidet sich und zahlt 98 €.

5 Das Wechselgeld darf Liam behalten.

Liam ist noch nicht fertig, da stellt sich eine ganze Gruppe neben ihm auf. Sie wollen mit dem Länderticket in der 2. Klasse durch das Ruhrgebiet. Liam hilft auch ihnen.

10 Er hilft danach noch zwei hübschen Mädchen, einer älteren Frau, zwei Männern und einem Jungen mit Hund.

„Jetzt reicht es aber", denkt Liam. „Ich habe auch noch was anderes zu tun."

15 Doch er kommt aus der Nummer nicht wieder raus. Kaum hat er einem geholfen, steht schon der Nächste da.

Aber irgendwie ist es ja auch witzig. Liam hat noch nie so viele dankbare Gesichter gesehen.

20 „Can you help me?", fragt ihn plötzlich ein Mann, der ziemlich verschwitzt und ratlos aussieht. Er wedelt mit einer EC-Karte.

„Auch das noch", denkt Liam. Jetzt muss er sogar Englisch sprechen.

Er braucht einen Moment, bis ihm die Vokabel
wieder einfällt.

„Of course", sagt er.

Der Mann spricht schnell. Aber Liam kann ihn
5  verstehen. Er will nach Wuppertal „without Bahncard, first class."

So schwer ist das nicht zu verstehen.

Liam tippt auf dem Display herum. Er ist jetzt
richtig routiniert.

10  Wuppertal, ohne Bahncard, first class. Nur was
hin und zurück oder einfache Fahrt auf Englisch
heißt, will ihm nicht einfallen. Er macht wilde
Handbewegungen.

„Nur hin?", fragt er. „Oder auch zurück."
15  Der Typ versteht.

„Oh, one way", sagt er.

Damit ist auch die Fahrkarte ausgehändigt.

Der Engländer ist glücklich.

„Thanks a lot", sagt er. Und dann noch irgendwas,
20  das sich wie „good boy" anhört. Aber Liam ist
nicht so sicher.

Trotzdem. Toller Tag heute, denkt er.

Noch nie hat er so viele Menschen glücklich
gemacht.

War gar nicht schwer. Und sogar das Englisch
hat er hingekriegt.

Vielleicht sollte er heute Abend mal ein paar
Vokabeln lernen. Falls er noch mal am Fahr-
5  kartenschalter auf einen Engländer trifft.

1. **Beantworte die folgenden Fragen.**
   **Kreuze an.**
   → Was bedeutet es in der Geschichte, wenn die Schüler ein Blatt aus der Tasche holen?
   ❑ Die Schüler malen ein Bild.
   ❑ Die Schüler schreiben einen Vokabeltest.

   → Wie oft wird ein Test geschrieben?
   ❑ Einmal in der Woche.
   ❑ Einmal im Monat.

   → Welche Wörter kennt Liam?
   ❑ Sun and rain
   ❑ Day and night

2. **Schreibe die Antworten auf.**
   → Welches Versprechen hat Liam seiner Mutter gegeben?

   .........................................................................................

   → Kann Liam sein Versprechen einhalten?

   .........................................................................................

3. **Kreuze an. Du kannst auch mehrere Sätze wählen oder eigene Sätze schreiben.**

➜ Alena lässt Liam nicht abschreiben. Warum?

❏ Er hilft ihr auch nicht.

❏ Sie mag ihn nicht.

❏ Sie will alleine eine gute Note haben.

........................................................................................

........................................................................................

➜ Liam schreibt nicht mehr mit. Warum?

❏ Er hat Schmerzen in seiner Hand.

❏ Er findet es gut, ein schlechter Schüler zu sein.

❏ Er hat sich mit seiner Situation abgefunden.

........................................................................................

........................................................................................

4. **Stelle dir vor, Liam ist dein bester Freund. Es tut dir leid, dass er so schlecht in Englisch ist. Gib ihm ein paar Tipps, wie er sich verbessern könnte.**

Ich finde

.......................

.......................

.......................

.......................

.......................

5. **Schaue dir das Bild an. Schreibe fünf Sätze dazu auf.**

........................................................

........................................................

........................................................

........................................................

........................................................

........................................................

## 6. Finde die richtige Erklärung und verbinde.

**Was bedeutet es, wenn jemand ...**

| | |
|---|---|
| ... eine Fünf geschrieben hat? | Man lässt einen anderen nicht in seinen Test schauen. |
| ... einen nicht abschreiben lässt? | Man fährt mit der Bahn, ohne ein Ticket zu kaufen. |
| ... eine Bahncard hat? | Man hat eine schlechte Note bekommen. |
| ... schwarzfährt? | Man fährt zum reduzierten Bahnpreis. |

## 7. Kreuze die Wünsche an, die die Menschen am Fahrkartenautomaten haben.

|  | Der Junge mit seiner Mutter | Der Mann, der nach Hamburg will | Die Gruppe | Der Mann, der nur Englisch spricht |
|---|---|---|---|---|
| Einfache Fahrt |  |  |  |  |
| Hin und zurück |  |  |  |  |
| 1. Klasse |  |  |  |  |
| 2. Klasse |  |  |  |  |
| Ohne Bahncard |  |  |  |  |
| Mit Bahncard |  |  |  |  |
| Länderticket für Gruppen |  |  |  |  |
| Erwachsener |  |  |  |  |
| Kind |  |  |  |  |

## 8. Suche Wörter rund um das Wort „fahren".

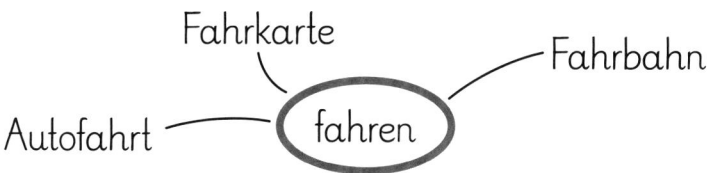

## 9. Lies den Text. Beantworte die Fragen.

→ Wer wohnt in Dortmund?

.........................................................................................

→ Warum will Liam nicht schwarzfahren?

.........................................................................................

→ Wie viel Trinkgeld bekommt Liam?

.........................................................................................

→ Wie gefällt Liam der Tag?

.........................................................................................

**10.** **Wie erklärst du dir, dass Liam plötzlich englisch sprechen kann?**

.........................................................................................

.........................................................................................

.........................................................................................

**11.** **Welche Eigenschaften passen zu Liam? Kreise ein.**

fleißig – ehrgeizig – müde – lustlos – freundlich – gleichgültig

**12.** **Bist du schon einmal mit einem ICE in eine weit entfernte Stadt gereist? Wohin bist du gefahren? Fährst du lieber mit der Bahn oder in einem Auto?**

.........................................................................................

.........................................................................................

.........................................................................................

.........................................................................................

# 2 Romeo und Julia

Im Sommer ist die Schule für die Klasse 10a
zu Ende. Zum Abschluss planen sie ein Theaterstück. Sie wollen das Drama „Romeo und Julia"
spielen. Nun verteilen sie die Rollen.
5  „Wer von euch spielt den Romeo?", fragt Herr
Schulte.
Er schaut sich in der Klasse um. Matthias meldet
sich. Er ist der schönste Junge der Klasse.
„Typisch Matthias", lacht Lena.
10  „Das ist der perfekte Romeo", grinst auch Jonas.
„Gut. Dann ist Matthias der Romeo", nickt Herr
Schulte. „Und wer möchte Julia spielen?"
Niemand meldet sich. Lena und Grete machen
sich ganz klein. Die Rolle ist schwer. Man muss
15  so viel lernen. Und dann muss man auch noch
Matthias küssen. Das ist zu viel.
„Aylin?", fragt Herr Schulte.
Aylin zuckt zusammen. Sie wird ein bisschen rot.
„Nein, bitte nicht", sagt sie. „Das schaffe ich
20  nicht."
„Aber natürlich schaffst du das", lächelt Herr
Schulte. „Genau wie dich habe ich mir die Julia
immer vorgestellt: Lange, schwarze Haare …
schwarze Augen."

„Oh nein!", flüstert Aylin.

Die anderen lachen.

„Versuch es doch mal", sagen sie.

„Na gut", seufzt Aylin.

5 Matthias und sie lesen gemeinsam die 2. Szene.

„Gute Nacht, schöner Engel", liest Matthias.

Und Aylin liest: „Oh, mein Liebster, schlafe süß."

Als die Szene fertig ist, klatschen alle.

„Das war toll", ruft Herr Schulte. „Bitte spielt doch

10 diese Rolle im Theaterstück! Ihr macht das so gut."

„Von mir aus gern", sagt Matthias.

„Ich muss erst meinen Vater fragen", sagt Aylin.


„Mama, wir spielen an unserer Schule Theater",

15 beginnt Ayla vorsichtig.

Sie ist mit ihrer Mutter allein in der Küche.

Das ist ein guter Moment.

„Wir spielen ‚Romeo und Julia‘", fährt sie fort.

„Das ist ein schönes Stück", lächelt die Mutter.

20 Aylin wird mutiger.

„Ich habe die Rolle der Julia gespielt", sagt sie.

„Und Herr Schulte meint, dass ich das so gut

gemacht habe."

„Wie schön", freut sich die Mutter.

„Herr Schulte fragt, ob ich die Rolle bei der
Aufführung spielen kann", fährt Aylin fort.
„Darf ich das machen?"
Nachdenklich schaut die Mutter ihre Tochter an.
5   „Da musst du Vater fragen", sagt sie.

Abends hat Aylins Vater gute Laune. Die Arbeit
war gut. Das Abendessen schmeckt. Aylin bringt
ihm noch einen Tee. Dann wagt sie es.
10  „Wir spielen in der Schule Theater", sagt sie.
„Darf ich mitspielen?"
Die Laune des Vaters verändert sich. Jetzt wird
er vorsichtig.
„Nein, nein!", ruft der Vater. „Theater ist haram.
15  Der Koran verbietet es."
„Haram? Aber wieso denn?", fragt Aylin.
„Weil man sich dort zur Schau stellt", antwortet
der Vater.
„Ich stelle mich doch nicht zur Schau", erwidert
20  Aylin unglücklich. „Ich spiele doch nur eine Rolle."
„Bist du dabei leicht bekleidet?", fragt der Vater.
„Nein, nein", ruft Aylin.
„Hast du Kontakt zu einem Jungen?", fragt der
Vater weiter.

„Nur ein bisschen", antwortet Aylin leise.

„Dann verbiete ich es dir", antwortet ihr Vater.

Aylin senkt den Kopf. Doch wenn es der Vater

verbietet, kann sie nichts dagegen tun.

5  Sie ist sehr traurig. Immer verbietet ihr Vater alles.

Alles ist haram. Alles wird vom Koran verboten.

Alles ist Sünde.

Warum nur dürfen ihre Freunde immer alles?

Sie ist die einzige, für die alles verboten ist.

„Ich möchte die Rolle nicht spielen", sagt Aylin
einen Tag später in ihrer Klasse.
Die Freunde sind traurig.
„Warum denn nicht?", fragt Lena.
5   „Ich will einfach nicht", sagt Aylin.
Sie will ihren Vater nicht verraten. Aber Herr
Schulte ahnt das Problem.
„Hat dein Vater es verboten?", fragt er.
Aylin schüttelt erst den Kopf. Doch dann nickt sie.
10  „Mein Vater sagt, dass der Koran das verbietet",
sagt sie leise.
„Aber das stimmt nicht", ruft Hakan. „Ich spiele
doch auch Theater."
„Vielleicht habt ihr in der Türkei einen anderen
15  Koran", überlegt Matthias.
Hakan lacht. „Der Koran ist immer gleich", sagt er.
„Aber vielleicht versteht dein Vater den Koran
anders."
„Mein Vater sagt, dass man sich nicht zur Schau
20  stellen darf", erklärt Aylin.
„Aber du stellst dich doch nicht zur Schau",
meint Hakan. „Du zeigst ein Stück."
„Ich weiß es auch nicht", seufzt Aylin.
„Ich darf jedenfalls nicht mitspielen."

Jetzt sind alle sehr traurig. Besonders Matthias.

Er hat sich schon so auf den Kuss mit Aylin gefreut.

Nachmittags klingelt es an der Tür. Aylin öffnet.

Dann traut sie ihren Augen kaum. An der Tür

5 stehen ihre Freunde Lena, Matthias und Hakan.

Und hinter ihnen steht Herr Schulte.

„Ist dein Vater zu Hause?", fragen sie.

Aylin nickt. Sie führt ihre Freunde ins Wohn-

zimmer. Ihr Vater sitzt gerade beim Tee. Als er

10 die Freunde sieht, bietet er ihnen einen Platz an.

Matthias beginnt.

„Wir wollen über das Theaterspiel sprechen",
sagt er. „Warum darf Aylin nicht mitspielen?
Sie macht es so gut." Aylins Vater ist überrascht.
Er versucht, sein Verbot zu erklären. Doch die
5  Freunde verstehen ihn nicht. Sie wollen ihn auch
gar nicht verstehen.
„Theater spielen macht Spaß."
„Shakespeare ist genial."
„Aylin ist eine tolle Julia."
10  Zuletzt weiß Aylins Vater nicht mehr weiter.
Er schaut zu seiner Frau hinüber. Sie lacht.
„Lass sie gehen", sagt sie.
Schließlich nickt der Vater. „Sie kann mitspielen",
sagt er. Da fällt ihm seine Tochter um den Hals.

15

Es ist still in der Aula der Schule. Alle starren
ungeduldig auf die Bühne. Aylins Eltern und
Geschwister sitzen in der ersten Reihe.
Sie können es kaum abwarten, Aylin zu sehen.
20  Aylin tritt auf die Bühne. Sie trägt ein langes, weißes
Kleid und Blumen im Haar. Wie schön sie ist!
Auch Romeo sieht wie ein Märchenprinz aus.
Einmal umarmt er Aylin. Einmal küsst er ihre Hand.
Und einmal streichelt er ihr Gesicht. Aber Aylins

Vater findet das nicht schlimm. Seine Tochter spielt doch nur Theater. Sie spielt die schönste Liebesgeschichte der Welt. Ist doch klar, dass man dafür eine schöne Schauspielerin braucht!

5  Die Schauspieler treten Hand in Hand an den Bühnenrand und verneigen sich. Alle klatschen. Aylin schaut zu ihrem Vater hinüber. Sein ganzes Gesicht strahlt vor Stolz. Jetzt zieht er eine Rose unter dem Stuhl hervor. Er läuft damit nach vorne und reicht sie seiner Tochter.

Aylin steigen Tränen in die Augen. Dieser Tag ist so wunderschön! Sie wird ihn nie mehr vergessen.

1. **Kreuze die richtige Antwort an.**

   „Romeo und Julia" ist ein

   ❏ Märchen

   ❏ Theaterstück

   ❏ Film

   Das Stück ist ein(e)

   ❏ Drama

   ❏ Komödie

   ❏ Gedicht

   Folgender Schriftsteller schrieb es:

   ❏ Goethe

   ❏ Schiller

   ❏ Shakespeare

2. **Schaue im Internet nach. Fasse zusammen, worum es in diesem Stück geht.**

   .............................................................................................

   .............................................................................................

   .............................................................................................

   .............................................................................................

**3. Wer sagt was? Verbinde.**

| | |
|---|---|
| Gute Nacht, schöner Engel. ☐ | ☐ Aylin |
| Oh, mein Liebster, schlafe süß. ☐ | ☐ Aylin |
| Bitte spielt doch diese Rolle im Theaterstück! ☐ | ☐ Matthias |
| Ich muss erst meinen Vater fragen. ☐ | ☐ Herr Schulte |

**4. Aylin hat eine bestimmte Taktik, ihre Eltern zu überreden. Was macht sie? Lies im Text noch einmal nach und markiere. Schreibe dann heraus, wie sie vorgeht.**

➜ Bei der Mutter:

......................................................................................

......................................................................................

➜ Bei dem Vater:

......................................................................................

......................................................................................

5.  **Wie überredest du deine Eltern?**
    **Wen fragst du zuerst? Wie fragst du?**
    **Worauf achtest du noch?**

    .................................................................................

    .................................................................................

    .................................................................................

    .................................................................................

    .................................................................................

    .................................................................................

6.  **Was bedeutet es, wenn eine Sache**
    **„haram" ist? Lies den Text.**

    „Haram" ist ein arabisches Wort und bedeutet
    wörtlich „das, was verboten ist". Manche über-
    setzen das Wort auch mit „Sünde". Es bezeichnet
    die Dinge, die im Islam durch den Koran verboten
    sind. Typische Beispiele dafür sind Schweine-
    fleisch essen und Alkohol trinken.

**Erkläre mit deinen Worten: Was bedeutet „haram"?**

...........................................................................................................

...........................................................................................................

...........................................................................................................

...........................................................................................................

...........................................................................................................

**7. Warum ist Theater für den Vater haram?**

...........................................................................................................

...........................................................................................................

...........................................................................................................

...........................................................................................................

...........................................................................................................

8. **Aylin und Hakan unterhalten sich. Schreibe die Antworten auf, die Hakan sagt.**

   Aylin: Mein Vater sagt, dass der Koran das verbietet.

   Hakan: ........................................................................................

   Aylin: Mein Vater sagt, dass man sich nicht zur Schau stellen darf.

   Hakan: ........................................................................................

9. **Erzähle in drei Sätzen, was auf diesem Bild passiert.**

..........................................

..........................................

..........................................

**10. Welche Argumente benutzen die Freunde? Verbinde.**

| Theater spielen ... | ☐ | ☐ | ist genial. |
|---|---|---|---|
| Aylin ... | ☐ | ☐ | macht Spaß. |
| Shakespeare ... | ☐ | ☐ | ist eine tolle Julia. |

**11. Lies den Text. Beantworte die Fragen.**

➜ In welcher Reihe sitzt Aylins Familie?

..........................................

➜ Welche Farbe hat Aylins Kleid?

..........................................

➜ Welches Geschenk bringt der Vater zur Bühne?

..........................................

**12. Stelle dir vor, dass du dich um eine Schauspielrolle bewirbst. Dazu musst du dich zunächst einer Jury vorstellen. Nenne deine besten Eigenschaften.**

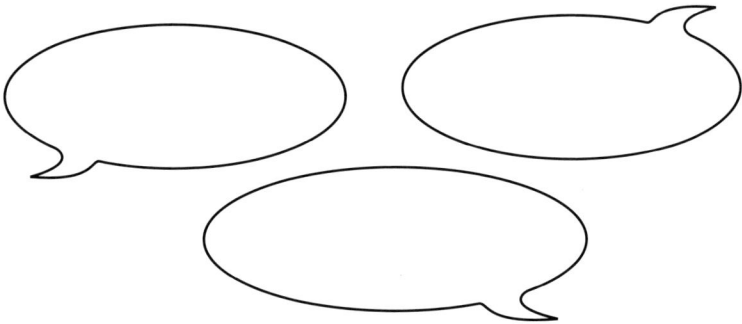

**Erzähle von deinem ersten Auftritt im Theater.**

.................................................................................................................

.................................................................................................................

.................................................................................................................

.................................................................................................................

.................................................................................................................

.................................................................................................................

.................................................................................................................

# 3  Ein verrückter Sommer

Am letzten Tag vor den Ferien gab es eine irre
Party bei Matze. Lilly war auch da. Und Insa und
Theresa. Vor allem Theresa. Sie sah einfach
unglaublich aus an diesem Abend. Aber wie
5  immer beachtete sie mich kaum. Sie redete mit
den anderen aus der Klasse. Irgendwann ging
sie nach draußen. Ich folgte ihr. Setzte mich
schließlich zu ihr auf die Bank.
„Was machst du eigentlich in den Ferien?", fragte
10  ich sie. Über irgendwas muss man ja schließlich
reden.
„Langeoog", sagte Theresa. „Ich begleite eine
Kindergruppe. Mein Bruder Tobias ist auch dabei."
„Cool", meinte ich. „Langeoog. Da wollte ich auch
15  immer mal hin."
Dabei fand ich es eigentlich ein bisschen komisch.
Andere fuhren nach München. Nach Malle.
Oder sogar nach Mauritius. Aber Langeoog?
„Komm doch mit", sagte Theresa dann.
20  Sie schaute mich mit ihren grünen Augen
durchdringend an.
„Die suchen unbedingt noch Betreuer. Du kriegst
es sogar als Praktikum angerechnet."
Die Gelegenheit, Theresa besser kennenzulernen.

„Cool", sagte ich noch einmal. „Das mache ich
echt. Und mit Kindern komme ich total gut klar."
Dabei wusste ich überhaupt nicht, was ich da
sagte.

5

Ich musste ein richtiges Bewerbungsgespräch
führen. Bei der AWO. Theresa begleitete mich.
„Haben Sie denn schon mal mit geistig und
körperlich benachteiligten Menschen gearbeitet?",
10  fragte mich eine ältere Frau.
Beinahe wäre ich vom Stuhl gefallen. Geistig und
körperlich behindert? Davon hatte Theresa kein
Wort gesagt. Jetzt sah sie mich wieder an.
Dieser Blick! Sie hypnotisierte mich.
15  „Nein", hörte ich mich sagen. „Aber ich würde
es furchtbar gerne machen."
Theresa war jetzt echt gerührt. Und ich war
es auch.

20  Erst am Bahnhof kapierte ich die ganze Wahrheit.
Die Kinder und Jugendlichen hier waren alle total
durchgeknallt. Da war zum Beispiel Leon. Er hatte
eine geistige Behinderung und saß zusätzlich im
Rollstuhl. Im Affenzahn fuhr er um mich herum.

„Wie heißt du?", fragte er alle drei Minuten.

„Noah", antwortete ich.

„Aha", sagte er. „Und wie heißt du?"

„Noah", wiederholte ich.

5   Außerdem war da Mareike. Sie schielte und wenn
sie lachte, fehlten ihr zwei Schneidezähne.

„Hallo", sagte sie und lachte wieder schief.

„Willst du mein Freund sein?"

„Öhhh", sagte ich.

Da lachte sie erneut und fasste mich an der Hand.

5 Ihre Hand klebte. Jetzt öffnete sie die andere

Hand und zeigte mir ein Bonbon.

„Willst du es haben?", fragte sie.

Mein Magen drehte sich.

„Nö danke", sagte ich.

10 Jetzt kam auch Theresa über den Bahnsteig.

Sie fuhr ihren Bruder Tobias. Er saß auch im

Rollstuhl.

„Du bist schon da?", freute sie sich.

Mareike schob sich zwischen sie und mich.

15 „Das ist mein Freund", sagte sie.


Es dauerte, bis ich mich in diesen Ferien zurecht-

fand. Es waren sicherlich die seltsamsten Ferien

meines Lebens. Doch auch wenn hier alle so

20 knallverrückt waren – ich gewann sie echt lieb.

Ich ging mit Peer Muscheln suchen, ich ließ mit Lia

Drachen steigen, ich trug Leon durch den Sand,

wenn man seinen Rollstuhl nicht mehr schieben

konnte. Und ich lachte mich mit Mareike kaputt,

weil sie den Wind so lustig fand. Dann breiteten
wir die Arme aus und tanzten über den Deich.
Es war so leicht, diese Kinder zu mögen. Sie
waren einfach so lustig. Und so liebevoll.

5 Und sie konnten sich so wahnsinnig freuen.
Nur mit Theresa klappte es einfach nicht. Sie war
so sehr mit ihrem Bruder beschäftigt. Manchmal
redete sie auch lange mit Elias, dem anderen
Gruppenleiter. Das tat mir jedes Mal ziemlich weh.

10 Auch jetzt blickte sie ihn immer wieder mit ihren
grünen Augen an. Und dann lächelte er und sah
tierisch verliebt aus. Gegen ihn hatte ich keine
Chance. Er war zwei Jahre älter, er war viel cooler
als ich und er sah einfach tausendmal besser aus.

15

Plötzlich schob sich eine klebrige Hand in meine.
Es war Mareike.
„Hallo!", sagte sie und lachte schief. „Heute fahren
wir in die Stadt. Kommst du mit?"

20 Ich musste schon wieder lachen. Langeoog hatte
in der Inselmitte ein kleines Dorf. Das konnte man
nicht gerade als Stadt bezeichnen. Aber für die
Kinder war das ein Ausflug in die weite Welt.
„Klar!", sagte ich. „Ich bin doch dein Freund.

Ich muss dich doch beschützen."
Mareike strahlte. Dann wich sie mir nicht von der
Seite.
Wir fuhren mit der Inselbahn. Das war für die
5   Kinder sehr aufregend. Mimi weinte sogar ein
bisschen, weil ihr alles so unheimlich war.
Da setzte ich mich zu ihr und legte meinen
Arm um sie.
Als wir im Dorf angekommen waren, waren alle
10  sehr aufgeregt. Mareike blieb immer neben mir.
Ihre Hand klebte fest in meiner. Aber das war ihr
noch nicht genug. Jetzt zog sie mich zu Theresa
hinüber.
„Anfassen!", sagte sie streng und schob ihre
15  andere Hand in Theresas. Theresa gehorchte.
Es blieb ihr auch nichts anderes übrig.
„Mareike? Willst du ein Eis?", fragte Elias nun und
winkte zu Mareike hinüber. Alle Kinder hatten sich
an der Eisdiele eingefunden.
20  „Au ja!", rief Mareike begeistert und ließ Theresa
und mich los. Dann zögerte sie einen Moment
lang. Sie legte den Kopf schief und dachte nach.
Plötzlich nahm sie meine Hand und legte sie in
Theresas.

„Pass auf Theresa auf!", sagte sie mir.

Theresas Hand klebte genau wie Mareikes.

Einen Moment lang schauten wir uns verlegen an.

Wir waren beide erschrocken.

5 „Klebt deine Hand auch so?", fragte ich leise.

„Ich glaube, ich habe sogar einen Sahnebonbon
in der Handfläche", murmelte sie.

Wir lachten beide. Aber wir ließen uns auch nicht los. Im Gegenteil. Unsere Hände verschränkten sich ineinander. Es war ein gutes Gefühl, sie festzuhalten. Jetzt sah sie mich kurz an. Ihre

5 grünen Augen fixierten mich. Dann lächelte sie.

„Du klebst", sagte sie.

„Du auch", gab ich zurück.

Theresa streichelte mein Handgelenk.

Nun kam Mareike wieder zu uns rüber. Sie hielt

10 ein Schokoladeneis in der Hand.

„Willst du wieder in die Mitte?", fragte Theresa.

Mareike dachte nach. „Och nö!", sagte sie dann.

„Ich bleibe bei Elias. Der ist jetzt mein Freund."

Theresa und ich gingen ein kleines Stück über den

15 Marktplatz. Da sahen wir einen Brunnen. Hand in Hand liefen wir darauf zu und wuschen uns unsere Hände. Dann mussten wir beide lachen.

„Ohne Sahnebonbon fühlt es sich etwas besser an", meinte Theresa und nahm meine Hand wieder.

20 „Viel besser", meinte ich.

Mareike beobachtete uns neugierig.

„Seid ihr verliebt?", wollte sie wissen.

„Wonach sieht's denn aus?", fragte ich.

Aber diese Frage war zu schwierig für Mareike.

„Weiß nicht", sagte sie. „Wenn ihr verliebt seid,
müsst ihr euch doch auch küssen."
„Stimmt!", sagte Theresa.
Und dann küsste sie mich.

**1. Manchmal sagt man etwas und denkt etwas ganz anderes. Schreibe auf, was die Personen denken.**

Langeoog. Da wollte ich auch immer mal hin.

.......................................................................
.......................................................................

Die suchen unbedingt noch Betreuer. Du kriegst es sogar als Praktikum angerechnet.

.......................................................................
.......................................................................

Nein. Aber ich würde es furchtbar gerne machen.

.......................................................................
.......................................................................

**2. Wie gefällt Noah die Kindergruppe zu Beginn des Urlaubs?**

.................................................................................................................

.................................................................................................................

.................................................................................................................

**3. Noah spielt mit den Kindern am Strand. Wer macht was? Lies in der Geschichte nach.**

Peer .........................................................................................................

Lia .............................................................................................................

Mareike .................................................................................................

**4. Wer ist wer? Kreuze in der Tabelle an.**

|  | Betreuer | Kind aus der Gruppe |
|---|---|---|
| Theresa |  |  |
| Mareike |  |  |
| Noah |  |  |
| Elias |  |  |
| Peer |  |  |
| Lia |  |  |

## 5. Theresa redet oft mit einem anderen Gruppenleiter.

➔ Wie heißt er?

.................................................................................................

➔ Was denkt Noah über ihn?

.................................................................................................

## 6. Beschreibe, was passiert.

.................................................................................................

.................................................................................................

.................................................................................................

**7. Setze die fehlenden Wörter in den Lückentext ein:** aufgeregt – Dorf – Eis – Hand – Kindern – Noah – Sahnebonbon

Als die Gruppe im ..................... ankommt, sind

alle sehr ........................... . Mareike ist

immer zwischen ........................ und Theresa.

Elias kauft allen ........................ ein ................... .

Dann legt Mareike Noahs ...................... in

Theresas. Sie kleben aneinander fest wie ein

........................................... .

**8. Setze Trennstriche an die richtigen Stellen.**

PlötzlichschobsicheineklebrigeHandinmeine.

EinenMomentlangschautenwirunsverlegenan.

OhneSahnebonbonfühltessichetwasbesseran.

Wennihrverliebtseid,müsstihreuchdochauch-küssen.

**9. Noah und Theresa haben sich ineinander verliebt. Woran erkennt man das? Kreuze an.**

❏ Sie gehen Hand in Hand.

❏ Sie träumen voneinander.

❏ Sie tanzen miteinander.

❏ Sie gehen zusammen schwimmen.

❏ Sie küssen sich.

**10. Hast du Verwandte, Freunde oder Bekannte, die geistig oder körperlich beeinträchtigt sind? Wie gehst du damit um?**

..................................................................................

..................................................................................

**11. Würdest du auch als Begleiter mit einer Kindergruppe in die Ferien fahren?**

..................................................................................

..................................................................................

**12. Löse das Rätsel. Trage die gesuchten Wörter horizontal bei der passenden Nummer ein. Aus dem dick eingerahmten Wort ergibt sich, von oben nach unten gelesen, das Lösungswort.**

1. Was suchte Noah mit Peer?
2. Bei wem stieg die Party?
3. Wo traf sich die Kindergruppe? Am …
4. Wo streichelte Theresa Noah? Am …
5. Welche Zähne fehlten Mareike?
6. Wohin ging die Kindergruppe auf der Insel? Ins…
7. Wie hieß Theresas Bruder?
8. Welche Farbe hatten Theresas Augen?

Das Lösungswort heißt ……………………………………………………………

# 4 Umsonst unterwegs

Lasse geht zu einer Waldorfschule. Hier schreibt
man in der 10. Klasse eine Jahresarbeit. Man
muss etwas bauen, etwas erfinden oder etwas
tun und dieses Projekt ein Jahr lang dokumen-
5  tieren. Dann muss man es in der Schule vor
einem großen Publikum vorstellen.
Lasse hat überhaupt keine Idee, worüber er seine
Jahresarbeit schreiben soll. Die anderen aus
der Klasse haben sich längst entschieden.
10  Peer baut einen Bauwagen aus. Conny näht die
Theaterkleidung für ein Stück. Francis komponiert
Jingles für das Handy. Aber Lasse hat keine
besondere Begabung. Er kann nicht nähen. Er
spielt kein Instrument und handwerklich ist er
15  sowieso eine Niete.
„Du hast eine ganz große Begabung", sagt Frau
Schwarz, seine Lehrerin. „Du bist so wahnsinnig
mutig. Du traust dich Sachen, die niemand
machen würde."
20  Aber was soll man machen, wenn man mutig ist?
Einen Bungeesprung? Das reicht nicht für eine
Jahresarbeit. Eine Weltumsegelung?
Lasse durchforstet das Internet nach einer guten
Idee. Aber sie findet sich nicht.

In der Bücherei stößt er auf ein ganz besonderes Buch. „Deutschland umsonst", heißt es. Ein Journalist ist ein Jahr lang durch Deutschland gereist, ohne einen Cent auszugeben. Er war zu Fuß un-

5 terwegs und hat nach Essen und Übernachtungen gefragt. Dafür hat er immer mal wieder umsonst gearbeitet.

Die Idee begeistert Lasse. Ob er sich so etwas auch traut? Es gehört schon viel Mut dazu, sich

10 alleine auf eine Reise ohne Geld zu machen.

Frau Schwarz ist nicht sehr begeistert. „So etwas ist in der heutigen Zeit viel zu gefährlich", findet sie. Aber Lasse schafft es, seine Lehrerin und auch seine Eltern zu überzeugen. „Ich verspreche,

15 mich jeden Tag zu melden, damit immer klar ist, wo ich gerade bin!". Dann darf er schließlich los.

Die Reise soll die ganzen sechs Wochen der Ferien einnehmen. Er fährt mit dem Fahrrad los.

Die erste Station seiner Reise sind die Großeltern.

20 Sie wohnen 40 Kilometer entfernt. Lasse ist ziemlich müde, als er ankommt. Die Großmutter freut sich auf ihn. Sie hat ihm schon das Bett bezogen und ein warmes Essen gekocht. Aber das ist nicht das, was Lasse will.

Schon am nächsten Tag radelt Lasse weiter.
Unterwegs überkommt ihn der Hunger. Die Brote
der Großmutter sind längst gegessen. Jetzt muss
er sich trauen, nach Essen zu fragen.

5 Er hält an einer Bäckerei und tritt ein. Eine junge
Verkäuferin schaut ihn fragend an.
„Ich bin ohne Geld unterwegs", erklärt Lasse.
„Haben Sie wohl etwas zu essen für mich?"
Die Verkäuferin sieht etwas verwundert aus.

10 „Ich weiß nicht", sagt sie. „Das kann ich nicht
entscheiden."

Doch nun mischt sich eine ältere Frau ein.

„Gib ihm doch die Brötchen von gestern", sagt sie.

Das tut die Frau dann auch. Lasse erhält eine
große Tüte Brötchen und einen Blaubeermuffin.

5 Erleichtert macht er sich auf die Weiterfahrt.

Die erste Mutprobe ist geglückt.

Schwieriger wird es, einen Platz zur Übernachtung
zu finden. Lasse fragt an einem Bauernhof nach,
aber man will ihn nicht.

10 „Nachher rauchst du im Heu und die Scheune
brennt", sagt der Bauer.

„Bestimmt nicht", erwidert Lasse. „Ich bin Nichtrau-
cher. Und den Müll räume ich auch wieder weg."

„Ich will dich trotzdem nicht!", schimpft der Bauer.

15 „Verschwinde, bevor ich meinen Hund auf dich
hetze."

Langsam macht sich Lasse auf die Weiterfahrt.

Er hält an drei weiteren Höfen. Aber niemand will
ihn aufnehmen. Auch seine Arbeitskraft kann

20 niemand gebrauchen. Die einen haben Angst,
dass er nicht versichert ist. Die anderen haben
Angst, dass er nicht wirklich arbeitet.

„Die Jugend heutzutage ist doch sowieso viel
zu verweichlicht", sagt ein Bauer.

„Ich nicht", erwidert Lasse. „Ich packe wirklich
mit an. Fragen Sie doch meine Lehrerin."
Doch die Mühe macht sich niemand.
„Frag woanders", heißt es überall. „Wir brauchen
5  dich nicht."
Dabei steht doch überall die Heuernte an und
die Bauern haben so viel zu tun.
Lasse tritt in die Pedale. Die Dunkelheit legt sich
langsam über das Land. Lasse schaut sich nun
10  nach einer Wiese um. In dieser Nacht wird er
wohl sein Zelt aufbauen müssen.
Kaum ist er um eine Ecke gebogen, hört er plötzlich ein lautes Hupen. Dann rennen zwei Kühe
direkt auf ihn zu. Lasse steigt vom Rad und wartet.
15  Er will den Kühen keinen Stress machen. Sie sind
offensichtlich vor einem Auto davongelaufen.
Nun sieht er auch einen Bauern um die Ecke
kommen. Er sieht sehr aufgeregt aus.
„Hast du zwei Kühe gesehen?", fragt er.
20  Lasse nickt und zeigt auf die Straße.
„Sie sind hier langgelaufen", erklärt er.
Der Mann fährt sich mit der Hand durch die Haare.
„Diese idiotischen Autofahrer", schimpft er.
„Fahren direkt auf die Kühe zu und hupen.

Jetzt haben sie die Herde auseinandergerissen."

„Oh nein!", ruft Lasse erschrocken. „Kann ich
Ihnen helfen?"

„Wenn du Zeit hast", knurrt der Bauer. „Ich muss

5   die beiden Kühe suchen. Mein Sohn treibt den
Rest der Herde in den Stall zurück. Sie finden
ihren Weg allein. Aber die beiden sind jetzt
irgendwo im Wald verschwunden, oder?"

„Vielleicht", sagt Lasse.

10  Er lehnt sein Fahrrad gegen einen Weidezaun.
Dann geht er mit dem Bauern auf den Wald zu.

Die eine Kuh grast unter einem Baum. Die andere
läuft etwas ängstlich im Wald herum. Lasse und
der Bauer treiben die Kühe zusammen. Der Bauer
zeigt ihm genau, wie er es machen muss. Blick-
5 kontakt aufnehmen, dann von hinten treiben. Und
wenn man die Kuh in eine Richtung lenken will,
muss man sich in Höhe ihrer Schulter stellen
und dann vorsichtig auf sie zugehen.
„Immer die Blickrichtung der Kühe einnehmen",
10 erklärt der Bauer. Lasse lernt schnell. Es macht
ihm Spaß, sich in die Kuh hineinzuversetzen.
Es dauert eine Zeit, bis Lasse und der Bauer
die Kühe auf die Straße getrieben haben.

Dann geht es langsam zum Stall zurück.
Der Bauer ist froh, dass Lasse ihm hilft.
„Magst du mit uns zu Abend essen?", fragt der
Bauer. Lasse freut sich.
5   „Klar, gerne", sagt er. „Haben Sie zufällig auch
einen Platz zum Schlafen für mich?", traut er sich
zu fragen. „Ich bin für meine Jahresarbeit in der
Schule allein und ohne Geld unterwegs."
Der Bauer nickt.
10  Überglücklich lässt sich Lasse nach einer guten
Mahlzeit ins weiche Federbett fallen. Nie hätte er
gedacht, dass der Tag so enden würde.
Eine Woche lang bleibt Lasse auf dem Hof.
Er bringt die Kühe auf die Weide, hilft bei der
15  Stallarbeit, repariert die Zäune und hilft bei der
Heuernte. Dann zieht er weiter. Diesmal hat er
schon ein Ziel vor Augen. Der Bauer hat ihn
nämlich weiterempfohlen. An einen befreundeten
Bauern, der im Nachbardorf wohnt.
20  Als die Ferien zu Ende sind, hat Lasse auf fünf
verschiedenen Höfen gearbeitet und ganz viele
neue Erfahrungen gemacht.
Und bei der Präsentation seiner Jahresarbeit hat
er viele Zuschauer, die ihm gespannt zuhören.

1. **Beantworte die folgenden Fragen.**
   **Kreuze an.**

   → An welcher Schule ist Lasse? An einer …
   ❏ Hauptschule
   ❏ Waldorfschule
   ❏ Gesamtschule

   → Was ist eine Jahresarbeit?
   ❏ eine Arbeit, in der man ein Jahr lang ein
     Projekt dokumentiert.
   ❏ eine Arbeit, die man ein Jahr lang bei
     einer Firma machen muss.
   ❏ eine Arbeit, die nur ein Jahr lang bezahlt
     wird.

2. **Warum hat Lasse Probleme, ein geeig-**
   **netes Projekt zu finden?**

   ...................................................................................................

   ...................................................................................................

   ...................................................................................................

   ...................................................................................................

**3. Wer entscheidet sich wofür? Verbinde.**

| | |
|---|---|
| Peer ☐ | ☐ Theaterkleidung nähen |
| Conny ☐ | ☐ Jingles komponieren |
| Francis ☐ | ☐ Bauwagen ausbauen |

**4. Lasse findet in der Bücherei dieses Buch. Wovon handelt es? Unterstreiche die wichtigsten Sätze.**

Ohne Geld wandert der Autor Michael Holzach mit seinem Hund durch Deutschland. Er fragt nach Arbeit, Brot und Geld und schreibt seine Erlebnisse auf. Es wird ein Buch über Angst und Ablehnung, über Gastfreundschaft und Misstrauen, über Wohlstand und das einfache Leben.

**5. Setzt euch in Gruppen zusammen. Recherchiert über Michael Holzach im Internet.**
- → Was erlebt er auf seiner Reise?
- → Wie endet sein Buch?
- → Wie endet sein Leben?

**Besprecht eure Ergebnisse in der Klasse.**

6. Suche nach ähnlichen Büchern im Internet. Gib dabei die Begriffe „Bücher – Aussteiger" in die Suchmaschine ein. Schaue dir das Ergebnis an. Suche ein Buch heraus, das dich besonders anspricht, und stelle deinen Klassenkameraden eine Zusammenfassung vor. Nenne zunächst Autor und Titel des Buches. Beschreibe dann, worum es in dem Buch geht, und stelle den Inhalt vor.

7. Wäre eine Reise, wie Lasse sie unternimmt, auch etwas für dich?
Für welches Projekt würdest du dich sonst entscheiden?

.......................................................................................................

.......................................................................................................

.......................................................................................................

.......................................................................................................

**8. Lasse muss auf seiner Reise einige Menschen überzeugen. Wer sagt was? Schreibe auch Lasses Antworten auf.**

So etwas ist in der heutigen Zeit viel zu gefährlich.

Nachher rauchst du im Heu und die Scheune brennt.

Die Jugend heutzutage ist doch sowieso viel zu verweichlicht.

**9. Als Lasse mit dem Fahrrad unterwegs ist, hat er am Abend ein Erlebnis. Beschreibe in drei Sätzen, was ihm passiert.**

.............................................................................

.............................................................................

.............................................................................

**10. Der Bauer zeigt ihm, wie man die Kühe treibt. Was muss man beachten?**
**Kreuze die richtigen Antworten an.**

❏ Man muss Blickkontakt aufnehmen.

❏ Man muss laut schreien.

❏ Man muss mit einem Stock wedeln.

❏ Man muss von hinten treiben.

❏ Man muss sich an ihre Schulter stellen.

❏ Man muss vorsichtig auf sie zugehen.

**11. Wie endet Lasses Tag? Schreibe auf.**

.............................................................................

.............................................................................

**12. Lasse präsentiert seine Jahresarbeit.**

**Er erstellt eine Pinnwand mit Fotos.**

**Ergänze die Sätze!**

Hier bin ich gerade

....................................................................................

Am ersten Tag

....................................................................................

**Es war gar nicht so einfach,**

.................................................................................................................

**Ich bin viele Kilometer**

.................................................................................................................

# 5 Livestream – ich bin bei dir!

„Ah, Frida, du bist es!"

Fridas Freundin Amai öffnet die Wohnungstür

nur einen kleinen Spalt breit.

„Ich wollte dir die Hausaufgaben bringen.

5 Du warst doch nicht in der Schule", meint Frida.

„Öhhh … nett von dir", sagt Amai zögernd.

„Komm rein!"

Sie lässt Frida in die Wohnung. Frida schaut ins

Wohnzimmer und ihr fällt sofort auf, dass Amai alle

10 Rollos runtergezogen hat. Nur eine kleine Steh-

lampe wirft einen warmen Lichtschein ins Zimmer.

Auf dem Tisch vor dem Sofa steht ein Laptop. Er ist

aufgeklappt. Daneben steht ein Glas Wasser. Drum

herum sind Chips verteilt. Es sieht gemütlich aus.

15 „Was ist mit dir?", fragt Frida verwundert.

„Bist du gar nicht krank?"

„Naja …" Amai lacht verlegen. „Mir geht es schon

besser. Aber heute Morgen hatte ich ziemlich

Bauchschmerzen."

20 Frida sieht sich in der dunklen Wohnung um.

„Ist deine Mutter nicht da?", fragt sie.

„Arbeiten. Wie immer", erklärt Amai.

Sie lässt sich auf das Sofa fallen.

„Da bin ich wieder", hört sie Amai sagen.

„War nur meine Freundin. Die wollte mir die Hausaufgaben bringen."

Sie lacht ein bisschen verlegen.

„Ja, heute nicht. Mir ging es nicht so gut."

5  „Mit wem redest du?", fragt Frida neugierig und
setzt sich neben Amai in den Sessel.

„Skypst du?", fragt sie überrascht.

„Die heißt Frida", sagte Amai jetzt. „Ja, sie ist in
meiner Klasse."

10  Irgendwie ist Frida das Gespräch unheimlich. Sie
hört niemanden reden, außer Amai. Jetzt schaut
sie auf den Bildschirm. Auch hier ist nur Amai zu
sehen. Und ein kleines Chat-Fenster.

„Da seht ihr sie auch schon!", lacht Amai.

15  „Sie ist einfach zu neugierig."

Erschrocken zieht Frida ihren Kopf zurück.

„Was soll das? Was machst du?", ruft sie.

„Wer kann mich sehen?" Amai lacht wieder.

„Jetzt kriegst du richtig Panik, was?" Sie dreht

20  sich zu Frida um. „Die Leute wollen dich noch mal
sehen", sagt sie dann. „Sie finden dich süß."

Frida kriecht eine Gänsehaut über den Rücken.

Sie fühlt sich sehr unwohl.

„Welche Leute?", fragt sie.

„Na, meine Fans. Die Zuschauer. Ich bin hier
im Livestream." Sie strahlt. „Kennst du nicht You-
Now? Die Plattform für den eigenen Livestream?",
fragt Amai. „Ich habe meine Kamera an. Die Leute
5 gucken mir zu und sehen direkt, was ich tue.
Siehst du?" Sie zeigt auf das kleine Chat-Fenster.
„Da ist Bob der Baumeister. Und da ist Kitty.
Und Brotbernd. Und Datti."
„Und warum gucken sie dir zu?", fragt Frida
10 irritiert.
„Keine Ahnung", erwidert Amai. „Das musst du
die Leute mal selbst fragen."

Dann wendet sie sich wieder der Kamera zu und
winkt. „Hallo, ihr da draußen", sagt sie. „Ich muss
das meiner Freundin mal erklären. Die ist immer ein
bisschen wie aus einer anderen Welt. Ihre Eltern
5   verbieten ihr immer das Internet. Nur für Referate
und zum Lernen darf sie an den Computer."
Frida merkt, dass sie wütend wird.
„Das musst du nicht allen erzählen", sagt sie sauer.
„Ist doch nicht so schlimm", tröstet Amai.
10  „Blöde Eltern kennt doch jeder. Und wenn der
Vater sogar Dorfsheriff ist ..."
„Halt doch deine Klappe!", zischt Frida.
Sie ist jetzt so ängstlich, dass sie am liebsten
nach Hause laufen würde. Andererseits fällt
15  ihr auf, wie fröhlich und unbeschwert Amai ist.
Sie lacht und winkt in die Kamera.
„Guck mal, Frida!", ruft sie dann.
„Seitdem du da bist, klicken die Leute wie
verrückt. Von 29 auf 258. Und jetzt noch höher.
20  374. Du bringst mir Glück, Frida. Ich habe sie
gleich alle eingeholt." Sie klickt auf eine Statistik.
„Da, guck mal. Platz 15!", staunt sie.
Jetzt wird Frida echt neugierig. Wenn Amai
sich traut, will sie auch nicht zurückstecken.

Sie hält ihren Kopf ebenfalls in die Kamera.

„Hi, ich bin Frida!", sagt sie und winkt.

Schon bald erhöht sich die Zuschauerzahl
um das Dreifache.

5 Jetzt sieht Frida auch die Kommentare, die auf
der Seite erscheinen.

„Schönes Mädchen", schreibt einer.

„Guck doch noch mal!", ein anderer.

„Hast du heute schon was vor?", schreibt ein

10 dritter. So viel Aufmerksamkeit hat Frida schon
lange nicht mehr gekriegt.

Sie überlegt einen Moment lang. Dann setzt sie
sich zu Amai auf das Sofa. Amai schlingt ihren
Arm um Frida.

15 „Ist sie nicht süß!", sagt sie. „Sie ist in meiner
Klasse." Frida grinst und umarmt Amai ebenfalls.

„Wenn wir uns nicht hätten", sagt sie. „Ich darf
hier bei Amai immer an den Computer."

„Psst", macht Amai. Da liest Frida schon den

20 Kommentar.

„Heißt du Amai?" Oh nein! Jetzt hat Frida doch zu
viel verraten. Sie muss unbedingt vorsichtiger sein.
Die Kommentare überschlagen sich jetzt. Alles geht
so schnell, dass Frida kaum mitlesen kann.

„In welcher Klasse seid ihr?

„Wo wohnt ihr?"

„Kann ich euch mal treffen?"

„Darf ich dein Freund sein?"

5 „Könnt ihr euch mal küssen?"

Jetzt schlägt Amai den Laptop zu.

„Das ist ja pervers!", sagt sie erschrocken und

lacht nervös.

Sie schaut Frida aufmerksam an.

10 „Du darfst nicht so viel Privates erzählen", erklärt

sie. „Es weiß keiner, wie ich heiße. Ich habe nur

einen Spitznamen im Internet. Sonst stalken die

noch hinter einem her."

Sie überlegt.

15 „Aber ist schon okay", meint sie dann. „Am

Anfang habe ich auch zu viel erzählt. Dass ich

auf der Heinrich-Heine-Realschule bin. Ich hoffe

nicht, dass sich jemand das gemerkt hat."

Für einen kurzen Moment denken die Mädchen

20 nach.

„Mach wieder auf", sagt Frida nun. „Ist doch

irgendwie witzig, oder?"

Amai nickt. Sie öffnet den Laptop wieder. Alle sind

noch da. Süß, wie treu die Fans sind.

Den ganzen Nachmittag verbringen Amai und
Frida am Laptop. Sie reden, sie lachen, sie singen;
später tanzen sie sogar. Und als es Abend wird,
haben sie 689 Likes, drei Heiratsanträge und
5   unzählige Einladungen zu einem Treffen.
Als Frida ein paar Stunden später nach Hause
geht, ist sie ganz beschwingt. Langsam geht
sie die Dorfstraße entlang. Es ist schon dunkel.

Als Frida an der Bushaltestelle angekommen ist, hält ein schwarzes Auto neben ihr. Es parkt so, dass das Fenster des Beifahrers direkt neben ihr ist.

5   „Hallo, Frida", sagt jemand. „Schön, dich mal persönlich kennenzulernen. Willst du nach Hause? In die Dorfstraße 17? Ich kann dich ein Stück mitnehmen."

Frida kriecht eine Gänsehaut über den Rücken.

10  Diesen Mann hat sie noch nie gesehen!

„Nein danke!", ruft sie. Dann will sie weglaufen. Doch der Mann bleibt mit seinem Auto neben ihr. „Was sagt wohl der Dorfsheriff dazu, wenn er hört, was seine Tochter alles so treibt?", sagt er.

15  Jetzt kriegt Frida es mit der Angst zu tun.

„Verschwinden Sie!", schreit sie. Und dann beginnt sie, zu laufen. Das Auto bleibt mit ihr auf einer Höhe. Frida versucht, das Kennzeichen zu erkennen. Dann wählt sie per Schnellwahl

20  die Nummer ihres Vaters.

„Frida? Bist du es?", hört sie die Stimme ihres Vaters. Sie klingt so wahnsinnig beruhigend.

„Papa? Kannst du ganz schnell kommen? So ein Typ belästigt mich. Ich bin …"

Sie schluchzt. „… gleich hinter der Bushaltestelle."
„Schon unterwegs!", ruft ihr Vater.
Frida könnte heulen vor Freude. Auf ihren Vater
kann sie sich immer verlassen. Ihm alles zu
5  erzählen, macht ihr gar nichts aus.
„Mein Vater ist gleich hier!", ruft sie dem Unbekann-
ten zu. „Er freut sich schon, Sie kennenzulernen."
Da gibt der Unbekannte Gas und saust davon.

1. **Was machen die Mädchen?**
   **Kreuze jeweils zwei Antworten an.**
   → Amai
   ❏ war nicht in der Schule
   ❏ bringt die Hausaufgaben
   ❏ öffnet die Tür
   ❏ schaut ins Wohnzimmer

   → Frida
   ❏ war nicht in der Schule
   ❏ bringt die Hausaufgaben
   ❏ öffnet die Tür
   ❏ schaut ins Wohnzimmer

2. **Wie sieht es im Wohnzimmer aus?**
   **Lies im Text nach und beschreibe.**

   ..............................................................................................

   ..............................................................................................

   ..............................................................................................

   ..............................................................................................

3. **Warum ist Amai allein zu Hause?**
   **Wo ist ihre Mutter?**

   ..........................................................................................................

4. **Amai gibt den Zuschauern viele Antworten.**
   **Welche Fragen müssen zuvor im Chat**
   **gestellt worden sein?**

   ➜ War nur meine Freundin. Die wollte mir
   die Hausaufgaben bringen.

   ..........................................................................................................

   ➜ Ja, heute nicht. Mir ging es nicht so gut.

   ..........................................................................................................

   ➜ Die heißt Frida.

   ..........................................................................................................

   ➜ Ja, sie ist in meiner Klasse.

   ..........................................................................................................

**5. Auf welcher Plattform ist Amai?**

........................................................................................

**Amai hat viele Fans. Nenne vier Namen.**

......................................... , ......................................... ,

......................................... , ......................................... ,

**6. Setze die fehlenden Wörter in den Lücken-text ein:** Alltag – Fans – Kamera – Livestream – Plattform – YouNow

Amai ist bei ......................... . Das ist eine

......................................... mit einem

......................................... . Sie hat ihre

......................... an. Viele .........................

schauen ihr live bei ihrem ......................... zu.

7. **Frida und Amai erhalten viele Aufforderungen und Komplimente. Welche Kommentare gehen deiner Meinung nach überhaupt nicht? Markiere sie rot.**

➜ „Schönes Mädchen."

➜ „Hast du heute schon was vor?"

➜ „In welcher Klasse seid ihr?"

➜ „Wo wohnt ihr?"

➜ „Kann ich euch mal treffen?"

➜ „Darf ich dein Freund sein?"

➜ „Könnt ihr euch mal küssen?"

8. **Frida ändert ihre Meinung zu YouNow.**

➜ Was denkt sie zuerst?

......................................................................

......................................................................

➜ Doch was macht sie im Laufe des Nachmittags?

......................................................................

......................................................................

9. **Warum ändert sich ihre Meinung?**
   **Kreuze alle richtigen Antworten an.**
   ❑ Sie wird neugierig.
   ❑ Sie will Amai übertrumpfen.
   ❑ Sie freut sich über die Aufmerksamkeit.
   ❑ Sie will auf den 1. Platz kommen.

10. **Amai und Frida verraten viel von sich.**
    ➜ Was ist über Amai bekannt?

    ..............................................................................................

    ..............................................................................................

    ➜ Was ist über Frida bekannt?

    ..............................................................................................

    ..............................................................................................

11. **Amais Zugriffe steigen im Laufe des**
    **Nachmittags. Schreibe die Zahlen in**
    **den Zahlenstrahl.**

| 29 | | | |
|----|----|----|----|

**12. Was denkst du über Plattformen wie YouNow? Benutzt du sie? Welche privaten Daten sollten auf keinen Fall verraten werden?**

......................................................................................................

......................................................................................................

......................................................................................................

......................................................................................................

......................................................................................................

......................................................................................................

......................................................................................................

......................................................................................................

......................................................................................................

......................................................................................................

# 6 Der Schwertkampf

Seit einem Jahr hat Milan ein neues Hobby.
Er ist Schwertkämpfer. Zweimal die Woche
trainiert er bei den „Gladiatoren" und erlernt die
historische Kampfkunst. Von Anfang an fasziniert
5 ihn dieser Sport. Das ist Mittelalter pur. Wie in
seinen Computerspielen.
Der Sport ist verdammt hart. Allein das Schwert
mit der langen Klinge wiegt schon eineinhalb Kilo.
Außerdem muss man sich sehr konzentrieren. Und
10 man muss mit seinem Partner zusammen üben.
Nicht gegen ihn. Die Übungen werden zunächst
nur ganz langsam ausgeführt. Erst wenn die
Bewegung klappt, wird das Tempo gesteigert.
Man muss den Griff mit dem Knauf am Ende gut
15 festhalten. Gegnerische Angriffe werden mit der
Parierstange abgewehrt.
Milan ist gut. Er hat aber auch einen guten Partner.
Sein Freund Ole und er sind ein eingespieltes
Team.
20 „Milan, hast du Lust, an einem Kampf teilzuneh-
men?", fragt ihn sein Trainer. „Am Wochenende
kommt eine andere Kampfschule zu Besuch.
Wir wollen gegeneinander antreten. Nur so zum
Spaß."

„Ich bin dabei!", sagt Milan sofort.
Auch Ole will mitmachen. Gespannt warten sie auf
das Wochenende. Das wird ihr erster richtiger
Schwertkampf.

5

Am Sonntag steht Milan früh auf, duscht lange und
zieht seine schwarze Jogginghose und das weiße
T-Shirt an. Es trägt den Aufdruck „Schwertkampf-
schule Gladiatoren".

10 Dann radelt er los. An der Hauptkreuzung der
Stadt wartet Ole auf ihn. Gemeinsam fahren sie
weiter.

„Ich bin echt aufgeregt", gibt Ole zu. „So einen
richtigen Kampf haben wir ja noch nie gemacht."
„Ich freue mich drauf", sagt Milan. „Immer diese
partnerschaftlichen Übungen. Ich will endlich mal
5  zeigen, was ich draufhabe."
„Und wenn wir gesiegt haben, machen wir mal
bei einem mittelalterlichen Turnier mit, oder?",
schlägt Ole vor. „So richtig Mann gegen Mann."
„Da bin ich dabei", sagt Milan.
10  Nach und nach treffen die Gegner bei den Gladiatoren ein. Ihre T-Shirts sind blau und haben die
Aufschrift „Schwertschule Wendel".
Ein paar ziemlich große und kräftige Typen sind
dabei. Milan wird ein bisschen mulmig im Bauch.
15  Bestimmt ist es nicht leicht, gegen sie anzutreten.
Jetzt öffnet sich die Tür und ein junges Mädchen
erscheint. Sie ist recht klein, hat wache, graue
Augen und ziemlich viele Sommersprossen.
„Hi, bin ich hier richtig bei den Gladiatoren?",
20  fragt sie in die Runde.
„Hey, Lea. Ja, alles klar. Du bist richtig!", ruft einer.
„Gott sei Dank", sagt diese Lea. Sie hat rote,
schulterlange Haare, die zu einem Zopf gebunden
sind.

„Was will die denn hier?", fragt Milan leise.

Ole zuckt die Schultern.

„Vielleicht kämpfen die Mädchen nach uns",
überlegt er.

5 „Das gucke ich mir auf alle Fälle an", gibt Milan
zurück.

Es dauert noch eine Weile, bis es losgeht. Listen
werden erstellt, ein Schiedsrichter muss gewählt
werden. Dann beginnt der Kampf.

„Wir losen unsere Gegner aus", sagt Peter, der
Trainer der Gladiatoren. „Jeder kämpft drei Huten*.
Dann ermitteln wir den Sieger."
Die Schwertkämpfer nicken.

5 Ole fängt an. Er bekommt einen Gegner, der
gleich groß ist. Sie stellen sich auf. Dann gehen
sie aufeinander zu. Die Schrittfolge ist genau
festgelegt. Sie gehen den Wechselschritt.
Jetzt schlagen die Klingen gegeneinander.

10 Endstellung. Die erste Hut hat Ole gewonnen. Die
zweite auch. Erst bei der dritten siegt der Gegner.
Danach ist Jonas dran. Dann Nils.
Endlich wird Milan aufgerufen. Sein Herz klopft.
Er nimmt sein Schwert und prüft kurz das Gewicht.

15 Dann sieht er sich zu dem Trainer um. Wer wird
sein Gegner sein?
Erst jetzt bemerkt er das Mädchen. Die mit den
roten Haaren. Sie stellt sich ihm gegenüber auf.
„Ich bin jetzt dran", sagt Milan.

20 „Ich weiß", lacht das Mädchen und ihre grauen
Augen blitzen. „Mit mir."

*(*Als Hut bezeichnen die Schwertkämpfer einen Durchlauf.
Er beginnt mit der Eingangsaufstellung und endet mit der
Endstellung.)*

Erst jetzt kapiert Milan: Es gibt gar keinen
Mädchenkampf. Mädchen und Jungen kämpfen
gegeneinander. Aber ist das nicht total ungerecht?
Diese kleine Maus wird er ja wohl wegputzen
5 wie nichts. Die kann ja kaum das schwere
Schwert halten.
„Fertig?", fragt der Schiedsrichter.
Milan und Lea nicken. „Dann los."
Lea und Milan nehmen ihre Position ein. Dann
10 gehen sie aufeinander zu. Die Klingen schlagen
gegeneinander.
Milan merkt sofort, dass Lea gut ist. Und sie kennt
keine Skrupel. Sie versetzt seinem Schwert einen
geraden Stoß, setzt dann sofort nach und gibt eine
15 Parade. Milan wechselt in einen Ausfallschritt,
lässt sich zurücktreiben. Er versucht ebenfalls
eine Parade. Aber sie misslingt ihm. Getroffen.
Lea hat gewonnen.
Die beiden nehmen wieder die Eingangsaufstel-
20 lung ein. Milan ist jetzt vorsichtiger geworden.
Lea geht wieder sofort zum Angriff über. Aber
Milan wechselt geschickt auf die andere Seite.
Leas Stich geht ins Leere. Da schlägt er sie mit
einer gekonnten Parade.

Dritte Hut. Jetzt geht es ums Ganze. Das wissen
beide. Lea ist jetzt auch vorsichtiger. Das ist
Milans Chance. Er geht auf sie zu. Treibt sie in
die Ecke. Schlägt immer wieder zu, mal von oben,
5  mal von unten. Lea hält dagegen.
Immer wieder treffen die Klingen aufeinander.
Jetzt steht sie fast an der Wand. Milan hebt
sein Schwert. Er will den Hieb von oben setzen.
Stellt sein Bein diagonal.
10

Plötzlich sieht sie ihn an. Ganz kurz nur. Ihre
Augen sind ganz schmal. Dieser Blick bringt Milan
völlig aus der Fassung. Er starrt sie an und merkt
nicht, wie er sich nach unten öffnet. Da sticht sie
5 zu. Kurz nur und ohne seinen Körper zu berühren.
Aber sie hat gewonnen.
Lea wirft die Arme hoch. Sie hält das Schwert fest
in der Hand.
Milan lässt sein Schwert sinken. Er wischt sich
10 den Schweiß von der Stirn. Dann nickt er ihr
anerkennend zu.
„Glückwunsch", sagt er. „Du warst gut."
Da lacht sie und ihre Augen blitzen.

15 Später sitzen sie bei einem Milchshake zusammen.
„Ich hätte eigentlich gewonnen", sagt Milan.
„Wenn du mich nicht so angestarrt hättest.
Das war total unfair."
„Seit wann darf man seinen Gegner nicht an-
20 schauen?", lacht Lea. „Du hast mich doch auch
angestarrt."
Und dann macht sie ihn nach, wie er sie mit
großen Augen angeglotzt hat. Nun muss Milan
lachen.

„Ich habe geglaubt, du bist ein leichter Gegner",
gibt er zu. „Aber du bist echt gut."
„Danke", sagt sie.
„Hast du Lust auf eine Revanche?", fragt er
5 schließlich. „Nächsten Sonntag? Vielleicht auf
der Wiese im Stadtpark."
„Ganz ohne Trainer?", fragt sie überrascht.
„Von mir aus sogar ganz ohne Waffen",
sagt Milan.

1. **Setze die fehlenden Wörter in den Lücken-text ein:** eineinhalb – Tempo – Partner – Mittelalter – historischer Sport

   Schwertkampf ist ein ................................................

   .............................. . Er wurde im

   .............................................. ausgeübt.

   Das Schwert wiegt .............................................. Kilo.

   Man muss mit seinem ..............................................

   zusammen üben. Langsam wird das

   .............................. gesteigert.

2. **Beschrifte das Schwert.**
   **Benenne die einzelnen Teile.**
   Knauf – Griff – Klinge – Parierstange

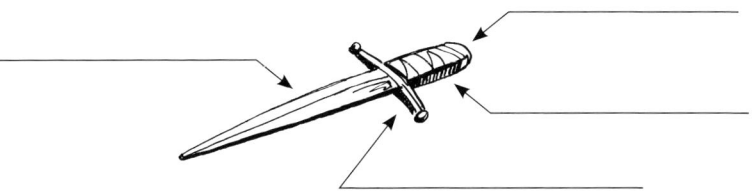

**3. Würdest du die Sportart Schwertkampf gerne einmal ausprobieren?**

...........................................................................................

**4. Lea kommt in die Kampfschule. Wie sieht sie aus? Kreuze alle richtigen Antworten an.**

❑ Sie hat rote Haare.

❑ Sie hat eine Igelfrisur.

❑ Sie hat Sommersprossen.

**5. In jedem Satz gibt es einen kleinen Stolperfehler. Finde ihn heraus und markiere das richtige Verb.**

Erst wenn die Bewegung klappt läuft, wird das Tempo gesteigert.

An der Hauptkreuzung der Stadt steht wartet Ole auf ihn.

Nach und nach treffen treten die Gegner bei den Gladiatoren ein.

Jetzt öffnet schließt sich die Tür und ein junges Mädchen erscheint.

**6. Was denkt Milan, als Lea seine Gegnerin wird?**

..................................................................................................................

..................................................................................................................

..................................................................................................................

**7. Lies den Text. Markiere alle Wörter, die mit Kampfsport zu tun haben.**

Sie versetzt seinem Schwert einen geraden Stoß, setzt dann sofort nach und gibt eine Parade. Milan wechselt in einen Ausfallschritt, lässt sich zurücktreiben.
Er versucht ebenfalls eine Parade.
Aber sie misslingt ihm. Getroffen.
Lea hat gewonnen. Die beiden nehmen wieder die Eingangsaufstellung ein.

8. **Was bedeuten die Wörter? Setze ein:**
Eingangsaufstellung – Parade – Stoß –
Ausfallschritt

➜ Wenn jemand zusticht, nennt man das

.................................................................................

➜ Wenn man ausweicht, nennt man das

.................................................................................

➜ Wenn man abwehrt, nennt man das

.................................................................................

➜ Wenn man neu anfängt, nennt man das

.................................................................................

9. **Hast du schon einmal einen Film mit
einem Schwertkampf gesehen? Überlege
zusammen mit deinem Sitznachbarn.**

.................................................................................

.................................................................................

## 10. Verbinde die Sätze, die zusammengehören.

| | | | |
|---|---|---|---|
| Immer wieder treffen | ☐ | ☐ | von oben setzen. |
| Er will den Hieb | ☐ | ☐ | völlig aus der Fassung. |
| Dieser Blick bringt Milan | ☐ | ☐ | die Klingen aufeinander. |

## 11. Erzähle, was hier passiert.

..........................................................................................................

..........................................................................................................

..........................................................................................................

..........................................................................................................

**12.** Am Ende der Geschichte verabreden sich Milan und Lea. Wie wird das Treffen wohl ablaufen? Was können die beiden im Stadtpark unternehmen?

.......................................................................................................

.......................................................................................................

.......................................................................................................

.......................................................................................................

.......................................................................................................

.......................................................................................................

.......................................................................................................

.......................................................................................................

.......................................................................................................

.......................................................................................................